Dän Künzler

Die sieben L

Aus dem Leben eines Künzlers

Leben – immer alles geben
Lust – bei allem was Du tust
Liebe – gegen des Hasses Triebe
Lachen – das Leben lustig machen
Loben – dann fühlt man sich erhoben
Leiden – es gibt nicht immer Freuden
Leidenschaft – für etwas sein mit aller Kraft

europabuch

© 2022 **Europa Buch** | Berlin
www.europabuch.com | info@europabuch.com
ISBN 9791220128438
Erstausgabe: September 2022

Gedruckt für Italien von Rotomail Italia
Finito di stampare presso Rotomail Italia S.p.A. - Vignate (MI)

Die sieben L

*Dieses Werk widme ich meiner Familie,
die immer für mich da ist. Ohne sie wäre ich ziellos,
sie gibt mir den Rückhalt, den ich brauche.
Dort komme ich zur Ruhe.*

Mein besonderer Dank gilt den Menschen, die auf meinem Weg zur Veröffentlichung an meiner Seite standen und mich bekräftigten, an mich zu glauben: Katharina, Julian, Markus, Alexander, Jay, Luise, Fabiana, Reto und Nadine.

INHALTSVERZEICHNIS

Vorwort 13

Das Wunderkind..17

Drei Persönlichkeiten 19

    Günther Messner...19

    Michael Jackson...20

    Reinhard Mey 21

Der Nachtschwärmer..22

Ohrwurm 23

Unfug 24

Märchen...26

    Aschenputtel 26

    Der Fischer und seine Frau 28

    Der Meisterdieb 31

    Der Teufel mit den drei goldenen Haaren 35

    Rumpelstilzchen...40

Krieg...46

Der Berg 50

Stressvermeidung 52

Geschwister 53

Das Erbe 55

Himmel..57

Plastik..58

Hohkönigsburg..60

Denkmäler für die Ewigkeit..61

Schwarzwald..63

Hexentrunk..64

Kegelverein..65

Der Zirkus..66

Roland Freisler..67

Epilog..69

Vorwort

Leben – immer alles geben
Lust – bei allem was Du tust
Liebe – gegen des Hasses Triebe
Lachen – das Leben lustig machen
Loben – dann fühlt man sich erhoben
Leiden – es gibt nicht immer Freuden
Leidenschaft – für etwas sein mit aller Kraft

Das ist der Titel und zugleich das Motto dieser Gedichte, die der Autor Dän Künzler mitten aus dem Alltag herausgegriffen hat. Alle sieben L sind für ihn sehr wichtig, um all die Aufgaben gut meistern zu können, die nun mal auf jeden von uns zukommen.

Anfangs beschreibt der junge Dichter das Leben verschiedener Persönlichkeiten, die für ihn bisher prägend waren. An dem Gedicht „Unfug" wird sein Humor ganz klar ersichtlich, der sich durch alle seine Schöpfungen zieht. Denn er nimmt kein Blatt vor den Mund und schreibt alles auch genauso nieder, wie er es sich denkt – ganz geradeheraus und ohne Umschweife. Eine besondere Rolle spielt der Chansonnier Reinhard Mey, der ihm mit seinen Liedtexten aus der Seele spricht und immer wieder Kraft und Energie gibt.

Des Weiteren lässt der Dichter seine Lieblingsmärchen „Aschenputtel", „Der Fischer und seine Frau", „Der Meisterdieb", „Der Teufel mit den drei goldenen Haaren" und „Rumpelstilzchen" in seinen eigenen rhythmischen, lyrischen Worten wieder aufleben. Für jeden bekannte Märchen werden so wieder lebendig, nehmen Gestalt an und regen den Leser erneut zum Nachdenken an.

Mitten aus dem Leben gegriffen sind auch Themen wie die „Geraubte Kindheit", „Krieg" oder „Der Brandstifter", denn „*Niederlage oder Sieg; wofür braucht die Mensch-heit Krieg?*" ist ein Thema, das sicherlich jedem aus tiefstem Herzen spricht.

Im Anschluss macht der Poet hier eine Pause, auf dem Berg – mitten in der Natur.

Der Berg

Das Panorama herrlich,
die eigne Zeit entbehrlich.
Hier oben gibt es keinen Zwang,
keine Hierarchie, Vorschrift, keinen Drang.
Und doch ist es sehr sonderbar:
Sanfte Riesen
schöne Wiesen,
dennoch große Gefahr:
Ein falscher Schritt,
ein unsicherer Tritt;
schon ist man sein Leben quitt.
Selbst einfache Pfade
kennen keine Gnade;
einmal umknicken,
sich einmal ungünstig verstricken;
schon ist die – ach so schöne – Reise
auf ihre Weise
still und leise
vorbei.
O wei!
…

So erfährt man auch, was für Dän Künzler wichtig ist für einen ausgeglichenen Alltag, wie beispielsweise seine Geschwister oder wie er selbst Stress vermeidet, indem er den Sternenhimmel beobachtet.

14

Doch auch Burgen und andere Denkmäler aus der Heimat finden Platz in seinen dichterischen Werken.

Nicht zuletzt bekommt der Leser auch Einblicke in die fantastische Welt des Dichters und die Zirkuswelt, denn ein bisschen träumen mach das Leben oft viel leichter.

Lassen Sie sich überraschen und tauchen Sie ein in die dichterischen Werke des jungen Dän Künzler.

Das Wunderkind

Leopold Mozart hat gewollt,
dass sein Sohn – der Trunkenbold –
Werke schafft bis Ende offen.
Dies tat er auch, wenn oft besoffen.

In der Wirtschaft – hackenbreit –
hatte er ja genug Zeit.
Nahm sich Bierdeckel und schrieb,
was im Hirn noch übrig blieb.

Hört man heute seine Werke,
man mit Staunen doch bemerke:
So viel Schaden kann der Alk
nicht angerichtet haben.

In seinem Kopf da war kein Kalk,
man kann sich heute noch dran laben.
Was er noch hat gebracht zu Stande,
ist heute bekannt in aller Lande.

Mit 35 hat sein Leben er gelassen,
doch Werke schrieb er wohl in Massen:
Über 600 an der Zahl.
Zum Glück hatte er nie die Wahl:

In einer Musikerfamilie geboren,
war sein Schicksal auserkoren.
Für diverse Instrumente
hatte Mozart Schreibtalente.

Spielen konnt er Klavier und Geige;
sein Einfallsreichtum ging nie zur Neige.
Im Kopf hatte er viele Stimmen,
um den Musik-Gipfel zu erklimmen.

Ohne neueste Technik – nur mit Papier –
schrieb er mal dort und mal hier.
Als Künstler kam er viel umher
und schrieb dort umso mehr.

Mit der Kutsche und dem Schiff;
auf den Reisen kam der Schliff
in die Stücke,
keine Lücke.
Perfekt vom Anfang bis zum Ende:
Mozart – Du bist eine Legende!

Drei Persönlichkeiten

Günther Messner

Ihr glaubt, ich kann den Weg nicht gehn?
Ihr werdet alle schon noch sehn!
Seinem Bruder stieg er nach
bis auf der Welt genanntes Dach.

Den Aufstieg viel zu schnell er tat,
der Abstieg war dann richtig hart.
Es dämmert schon, die Kräfte schwinden;
ob sie ins Tal wohl jemals finden?

Ein einzig Schneefeld, wohin nur?
Im Schnee gibts keine einzge Spur!
Der Bruder suchend vorwärts eilte,
er selber auf dem Eis verweilte.

Jetzt kam von eines Gletschers Schiene
eine gewaltige Lawine;
begrub den Bergmann unter sich.
Der Bruder ließ ihn nicht im Stich:

Der Berg ihm keine Chance gab,
das ewge Eis, das wurd sein Grab.

Michael Jackson

Geschwister hatte jener neun,
die Welt sollt sich an ihm erfreuen.
Schon früh wurde der Star bekannt;
mit der Familie im ganzen Land.

Dann das Blatt sich wendete;
der Familienauftritt endete.
Als Solokünstler durch er startet,
die Welt hat nur auf ihn gewartet.

Der Vater ihn als Kind oft drosch,
der Spaß der Kindheit schnell erlosch.
Er wollte nie erwachsen werden,
baute sich den Traum auf Erden:

Das Nimmerland von Peter Pan.
Doch was hat er sich angetan?
Ein weißer Mensch er werden wollte,
womit er keinen Ruhm sich zollte.

Er verlor Bezug zur Realität,
Kindsmissbrauch wurd ihm angedreht.
Er starb durch seines Arztes Hand,
er war bekannt im ganzen Land!

Reinhard Mey

Reinhard Mey zeigt eindrucksvoll,
dass Gedichte heut noch toll.
Reimen total ohne Zwang,
textet er echt locker.
Zu der Gitarre Klang
reißt die Menge er vom Hocker.
Ihm so manches Werk gelang.
Ganze Geschichten er erzählt,
kein Detail, das darin fehlt.
Als selbsternannter Chansonnier
begeistert er seit eh und je.
Kein Thema, das er nicht vertont;
für mich er im Musik-Olymp thront.
Ohne sich zu verbiegen, singt er ehrlich.
Er nimmt kein Blatt vor den Mund,
seine Musik ist unentbehrlich.
Die Werke zeitlos, immer rund.
Aus seinen Erinnerungen er schafft
die Lieder, die mir geben Kraft.
Ob es bloß ein Butterbrot
oder Günther Messners Tod.
Ob eines Fliegers-Lilienthals-Traum
oder eines Hunds Gebet,
zu haben einen eignen Baum.
Reinhard Mey weiß, wo er steht.
Ich höre wirklich viele Sparten:
Schlager, Hardcore, alle Arten.
Doch das, was mich wirklich erdet;
ihr es sicherlich schon ahnen werdet:
Sind die Verse, ich gestehs:
Reinhard Meys, des Chansonniers!

Der Nachtschwärmer

Wenn die Sonne untergeht
und die Finsternis entsteht:
Viele Leut zu Bette gehn,
um des Morgens aufzustehn.
Viele sind aber nicht alle:
Manch einer geht nicht in die Falle.
Jene Leute
gehen heute
spät noch raus,
spannen noch im Dunkel aus.
Aktiv wie Flugmäuse und Eulen,
hören sie die Wölfe heulen;
genießen Sterne und den Mond:
Ein schöner Anblick, der sich lohnt.
Am See mit einem guten Wein
schenkt er sich Glas für Glas ein.
Verbringt viele schöne Stunden,
blickt auf den Mond, den großen runden.
Atmet ein den Duft der Tannen,
endlich Mal entspannen.
Während der Großteil tief und fest,
im Schlaf ein Schnarchen hören lässt,
der Nachtschwärmer die Stunden gnießt,
die Zeit ganz langsam vorwärts fließt.
Des Morgens, wenn der Mond der Sonne weicht,
der Nachtschwärmer ins Bette schleicht.
Der andere Teil zur Arbeit fährt:
Ausgeschlafen, unversehrt.

Ohrwurm

Ein lästiges kleines Biest
in meinen Ohren nistet.
Ihr wisst, was es ist.
Es sein Dasein auch bei euch fristet:

Man hört eine Melodie, die gefällt
und schnell wie nie das Hirn sie quält,
weil an nichts anderes man mehr denken kann:
Es geht direkt in die Nervenbahn.

Und das Schlimmste daran ist:
Es kann alles sein, so ein Mist:
Schlager, Klassik, Pop, Rock, Swing;
man wirds einfach nicht los, dies Ding.

Wie ein Parasit
der Ohrwurm ins Gedächtnis zieht.
Hat man ihn endlich vertrieben,
ist der Schaden gewiss geblieben,
denn ein neuer Ohrwurm zieht sogleich
ein in sein neues Reich.

Unfug

Als er sich am Eis verbrannte,
ihn die blinde Frau erkannte;
der im Rollstuhl munter lief
und der Stumme zu ihm rief:

„Nicht so schnell,
gleich wird es hell."
Als die Katze plötzlich bellte,
sich der Fuchs zur Jagd gesellte;

wie der Junge ohne Grund
Tag für Tag wurd kugelrund.
Wie der Himmel sich verschließt,
wenn der Teufel unten niest.

In Monheim ist ein Haus verwaist,
in Langenfeld ein Zug entgleist.
In Leverkusen liegt dick Eis.
Es ist Herbst – was soll der Scheiß?

Im Sommer ist es heiß,
wie an sich es jeder weiß.
Doch als der Mann nach Hause kam,
der Freund dann lieber Reißaus nahm.

Er sich in den Kühlschrank stellte;
am Tag darauf er kräftig bellte,
da die bittre Eiseskälte
seine Gesundheit prellte.

Der Reiher fliegt, die Menge reihert:
Na, hat sie denn zu viel gefeiert?
Das Hotel ist arg verwanzt,
die Ratte auf dem Tischlein tanzt.

Als der Affe Durst bekam,
die Karaffe an sich nahm
und in einem einzgen Zug,
ausleerte den ganzen Krug.

Märchen

Aschenputtel

Unsrer Mutter neuer Gatte
eine schöne Tochter hatte.
Jene konnten wir nicht leiden,
obwohl sie uns nichts tat, uns beiden;
aber neidisch waren wir:
Für drei Schöne war kein Platz hier.
Eines Tages nun erhall:
„Der Prinz lädt ein zu einem Ball!"
Also dachten wir schnell nach,
wie hielten wir sie nun in Schach?
Mama hat kurz nachgedacht
und dann einen Plan gemacht:
In die Küche mit der Magd,
die Kleidung vom Leib gejagt.
Nur mit Lumpen neben den Herd.
Die ist den Prinzen doch nicht wert!
Mit dem Ball ist es gewesen;
Linsen soll sie aus der Asche lesen.
Hilfe jedoch sie erhielt,
sich doch noch auf den Ball fortstiehlt.
Mit Kleidung von der Mutter Grab
sich auf die Party sie begab.
Wunderschön sieht sie dort aus,
der Prinz ist vollkommen aus dem Haus.
Doch schöpfen wir recht schnell Verdacht;
die Magd sich auf den Heimweg macht.
Das dumme Biest nen Schuh verlor,
was, wenn der Prinz sie auserkor?
Was, wenn er sie nie würde finden?

Die Erinnerung würd schwinden:
Er würd sich eine andere suchen
und so eine von uns beiden buchen.
Mit ihr in den Taubenschlag,
so verging nun Tag um Tag.
Wem der Schuh passt,
beim Prinzen Fuß fasst.
Also quälten wir uns rein,
mit der Schere, Blut und Pein.
Doch verrieten uns die Tauben;
der Prinz mochte es gar nicht glauben.
Die Taube ihn zur Braut nun führte,
die Hochzeit das ganze Volk berührte.
Für unsre Bosheit, Lug und Trug,
die Taube uns die Augen ausschlug.

Der Fischer und seine Frau

Ein Fischer fuhr hinaus zum Angeln.
Im Meer sollt es an Fisch nicht mangeln.
Er angelte und fing nen Butt,
der sprach: „Bitte, lass mich frei!"
Der Fischer ging seelisch kaputt.
Er dachte sich: „Was ist dabei?"
Der Mann sich nun was wünschen durfte;
er lieber schnell nach Hause schlurfte,
zu erzählen seiner Frau,
was er erlebte ganz genau.
Die Frau befahl:
„Geh hin nochmal.
Ich will wohnen in nem Haus,
in dem Pott halt ichs nicht aus."
Er sah ihn nicht, wo könnt er sein?
Der Fischer rief ins Meer hinein:
„Mantje Mantje, Timpe Te,
Buttje Buttje in der See.
Meine Frau – die Ilsebill –
will nicht so, wie ich wohl will."
Das Wasser war klar,
schon war der Butt da.
Er fragte nun:
„Fischer, was kann ich tun?"
Der Fischer trug vor der Ehefrau Willen
und hoffte, der Butt könnte ihn stillen:
„In einem Haus möchte sie wohnen,
es soll sich aber richtig lohnen."
Der Butt fuhr fort:
„Gehe hin, sie sitzt schon dort."
Der Fischer kam ins neue Reich,
seine Frau sagte zugleich:

„Das Haus, das ist ja gut und schön;
doch wenn die Nachbarn das nur sehn.
Mir ein Gedanke in den Kopf schoss:
Ich will wohnen in einem Schloss."
Dem Fischer, dem ward angst und bange;
doch zögert er erneut nicht lange:
Als er an das Meer rantrat,
war dieses grün wie Spinat.
Der Himmel hatte sich verdunkelt.
„Das wird nicht gut", der Fischer munkelt.
Er ruft den Butt erneut zu sich,
erzählt der Gattin Wunsch dem Fisch.
Der Butt sagt bloß:
„Sie sitzt schon im Schloss."
Doch als der Mann nun kam zurück,
sagte sie, das sei kein Glück.
Sie wolle eine Krone tragen,
sofort solle den Butt er fragen:
„Ich will Königin werden.
Nun geh, sonst wird es Dein Verderben."
Aus Angst vor ihr gehorchte er
und ging abermals zum Meer.
Das Wasser war nun violett,
der Fischer findet das nicht nett.
„Mantje Mantje, Timpe Te,
Buttje Buttje in der See.
Meine Frau – die Ilsebill –
will nicht so, wie ich wohl will.
Sie wünscht sich – das ist allerhand –
zu regieren das ganze Land."
„Geh zu Deiner Frau nun hin,
sie ist schon lange Königin."

Auch Kaiserin wurd sie,
doch glücklich leider nie.
Als Papst war sie mitunter mächtig,
doch ihr Größenwahn war prächtig.
Als sie dann Gott zu werden begehrte,
der Gatte sich endlich mal wehrte:
Das gehe wirklich nun zu weit.
Doch die Frau gewann den Streit.
Der Fischer ging zum Butt schon wieder,
dies Bild machte ihn echt nieder:
Das Meer es schäumte,
der Fischer träumte
von seiner alten zufriedenen Frau.
Da kam – ihr wisst es schon genau:
unter dem pechschwarzen Wolkendach,
der Butt aus seinem Schlafgemach.
Als der Fischer Meldung machte,
seine Frau wollt werden Gott,
der Butt nur hämisch lachte:
„Geh nur heim, sie sitzt wieder im Pott.“

Der Meisterdieb

Ein junger Mann – im Kopf nur Flausen –
beschloss von zuhause wegzusausen.
Er nahm den Reichen Gut und Hab,
welches er gleich den Armen gab.
Sein Patenonkel ist der Graf,
welcher ihn kritisiert scharf.
Doch soll er sein Können zeigen
und stehlen, was dem Graf sein Eigen.
„Wenn Dir das gelingt,
Dir die Hand meiner Tochter winkt.
Wenn es Dir jedoch misslinge,
Dein Kopf wird enden in der Schlinge."
Der Dieb antwortet unverzagt,
zu seinem Paten er stolz sagt:
„Du wirst zwar abfallen vom Glauben:
Egal wie schwer, was soll ich rauben?"
Der Graf ihm drei Aufgaben erteilte;
der Dieb nicht lange dann verweilte.
Pläne zu schmieden er begann,
wie dem Galgen er entrann.
Der Graf die erste Aufgabe befahl:
„Hol das Pferd aus meinem Stall!"
Der Graf nun Wachen um es scharrt,
zu handeln falls ein Fremder naht.
Der Dieb nun aber ist recht schlau,
verkleidet sich als alte Frau;
füllt ab die Wachen mit viel Wein
und wartet bis sie schlafen ein.
Dann das Pferd hinaus er treibt,
wo nur der nächste Auftrag bleibt?
Der Graf ist sichtlich beeindruckt,
der nächste Auftrag in seinen Fingern juckt.

„Stiehl unser Bettzeug in der Nacht,
dazu meiner Frau Ehering."
Der Dieb sagt: „Das wird gemacht,
für mich kein Ding."
Der Graf sich nachts legt auf die Lauer,
aber der Meisterdieb ist schlauer.
Er steigt ganz heiter
hinauf zum Graf die Leiter.
Ne Puppe von sich selbst er baute,
die nun – statt ihm – durchs Fenster schaute.
Der Graf leis ein Gewehr jetzt zieht,
er wartet, bis er den Dieb sieht.
Dann legt er an und drückt schnell ab:
„Mein Patensohn ein Dieb,
grub sich sein eigenes Grab.
Ich hatte ihn zwar lieb,
aber mit ihm ging es bergab."
Der Graf stieg nun – ganz munter –
zum Erschossenen hinunter,
um sicherzugehen,
dass es um den Dieb geschehen.
In der Zeit
war der echte Dieb bereit.
Er stand noch auf der Leiterstufe;
da hörte die Frau leise Rufe.
Mit dem Mond im Rücken
konnte die Aktion nur glücken.
Der Meisterdieb wies sie nun an:
„Ist tot der Mann!
Ob Dieb oder nicht,
er war mein Patensohn, der Wicht.
Gib mir das Laken zum Bedecken:
Ich möcht die Leiche rasch verstecken.
Ein Loch hab ich bereits gegraben.

Kann ich Deinen Ring noch haben?
Als letzte Ehre soll er mit,
da dies war sein Todesschritt."
Die Frau tat, wie ihr geheißen:
Sie ließ sich viel zu leicht bescheißen.
Der Graf, der nach dem Leichnam schaute,
Blut sich in seinen Adern staute.
Er hat es nämlich mitgekriegt:
Das ist ne Puppe, die dort liegt.
Wütend will er in sein Reich;
er passt nicht auf und fällt zugleich
in das gegrabene Loch:
unverletzt – es war nicht hoch.
Die dritte Aufgabe stand an;
an der er ja bloß scheitern kann.
Aus der Kirch soll er entführen
den Priester und den Pfarrer bald.
Da kann er sich ja nur blamieren.
Doch ließ der Auftrag den Dieb kalt.
Die Geistlichen wussten, was zu tun:
Jetzt galt es, sich nicht auszuruhn.
Eingeschlossen und bewacht:
„Mit uns wird so schnell nichts gemacht!
Auf so einen fallen wir nicht rein!
Gott wird immer mit uns sein!"
Der Dieb ließ Krebse auf die Wiese:
Auf dem Rücken trugen diese
Kerzenlicht.
Das Getier über den Vorplatz kriecht.
Der Meisterdieb mit Bart und Sack,
tat als Petrus sich verkleiden,
lockt beide hinein, zack zack:
Zieht nun in dem Sack die beiden,
über Stock und Stein.

Und trichtert ihnen ein,
sie seien auf dem Weg zum Herrn.
Das hörten die beiden natürlich gern.
Als sie dann im Taubenschlag,
der Pfarrer es kaum glauben mag:
„Das sind die Engel, die da fliegen!"
Dass sie bei den Tauben liegen,
erfahrn sie erst am nächsten Morgen,
als der Graf – ganz ohne Sorgen –
siegessicher strahlt
und vor allen Leuten prahlt:
„Heute gehts ihm an den Kragen,
das hätte er nicht können wagen:
Zwei Erwachsne und die Wachen,
das lässt sich einfach gar nicht machen."
Der Meisterdieb kommt,
geht zum Grafen und sagt prompt:
„Lieber Graf, guten Tag,
kommt mit mir zum Taubenschlag."
Er alle Aufgaben bestand
und sein größtes Diebsglück fand,
da er nun durchs ganze Land,
reiste, ohne durch des Henkers Hand
sein Leben zu lassen.
Ja, er konnt sein Glück kaum fassen.

Der Teufel mit den drei goldenen Haaren

Ein Bub mit Glückshaut ward geboren:
Er sollte sein auserkoren,
zu heiraten des Königs Tochter.
Den Gedanken, ja, den mocht er.
Der König von dem Jungen hört;
vollkommen außer sich, empört.
Er bedient sich einer List:
Dem Jungen gibt er einen Brief,
bei Übergabe er hinzurichten ist.
Auf der Reise bei Räubern er schlief.
Diese lasen, was dort stand,
hatten Mitleid mit dem Jungen.
Sie änderten den Brief von Hand,
der neue Text war gut gelungen.
Andern Tags den Brief er überbrachte,
die Kön'gin ihn zum Prinzen machte.
Durch die Vermählung mit dem Kind,
die Prophezeiung wurd wahr geschwind.
Der König wollte das so nicht
und gab dem armen kleinen Wicht
eine der schwersten Aufgaben:
Die drei goldenen Haare
des Teufels wollt er haben;
schwer zu erwerbende Ware.
Der Junge aber eilte los,
er wollte seine Liebste bloß.
Der Junge war sehr weise,
doch auf seiner langen Reise
kam er in einen kleinen Ort.
Die Menschen – die leben mussten dort –
erklärten ihm die ganze Not:
„Geht das so weiter, sind wir bald tot.

Der Apfelbaum bringt keine Frucht,
wir haben alles schon versucht."
„Ich werde es für euch herausfinden."
„Wo möchtest Du denn hin verschwinden?"
„Ich gehe zum Teufel und hole sein Haar,
das ist mir die Liebe wert fürwahr."
Der Junge tat dem Dörfchen leid:
„Du bist vor dem Teufel nicht gefeit."
Doch er zog von dannen,
über Flüsse und durch Tannen.
Nach ein paar Tagen
kam er wieder in einen Ort.
Auch da hatten die Menschen Fragen:
„Unser Wasser, das ist fort.
Früher sprudelte die Quelle,
doch seit Monaten ist sie versiegt.
Die Zeiten sind nicht gerade helle,
wir wüssten gern, woran das liegt."
Der Jung versprach, das zu ergründen.
Er würde die Antwort bald schon finden.
Als er gesagt, wohin sein Weg ihn führte,
die Angst der Menschen er schnell spürte.
Doch ließ er sich nicht aufhalten,
die Liebe ließ ihn tun und walten.
Vor der Hölle war ein See.
Darauf sah er einen Kahn.
Er rief: „Du Fährmann, he!"
Schon fuhr dieser heran:
„Was willst Du hier?
Du wirst den Besuch nicht überleben."
Der Bub sagt: „Überlass das mir;
ich muss für die Prinzessin alles geben!"
Den Fährmann eine Sache quält:
„Die Möglichkeit zur Flucht mir fehlt,

ich bin gebunden an den Kahn.
Das treibt mich nochmal in den Wahnsinn."
Der Junge tut nun, was er kann
und kriegt das irgendwie schon hin.
In der Hölle angekommen,
des Teufels Oma ihn genommen,
um ihn vor dem Enkel zu schützen.
Sie wird dem Glückshaut-Jungen nützen.
Dieser solle sich verstecken;
der Teufel darf ihn nicht entdecken.
Am Abend kommt der Teufel rein,
schläft nach dem harten Tag schnell ein.
Die Oma ihm ein Haar ausreißt;
der Enkel die Zähne zusammenbeißt.
Sie fragt ihn nach einem bösen Traum,
sie sah dort einen alten Baum,
der früher einmal Äpfel trug,
doch jetzt sei er ganz kahl.
Der Teufel hat gehört genug,
er nur kurz und knapp befahl:
„In den Wurzeln lebt ne Maus,
die treibt dem Baum das Blühen aus.
Wenn man sie dort wegbewegt,
der Baum auch wieder Früchte trägt."
Als er wieder schläft ganz fest,
ein zweites goldnes Haar er lässt.
Er wacht auf und schreit:
„Was soll das, es ist Schlafenszeit!"
Die Oma schildert ungerührt,
wo ihr Traum sie hingeführt:
Des Brunnen Quelle scheint versiegt,
woran denn das nun bitte liegt.
„Das ist doch leicht:
Im Brunnen eine Kröte schleicht.

Sie verstopft das Wasserrohr,
man muss sie bloß tragen empor.
Dann sprudelt das Wasser wieder
und prasselt auf die Erde nieder."
Der Teufel sich erneut umdreht,
das dritte Haar die Oma reißt.
Dem Teufel das zu weit jetzt geht.
„Ich möchte, dass Du weißt,
ich hatte noch einen Traum, einen dritten:
Ich bin zu einem See geritten,
dort war ein Fährmann,
der hat mir leid getan.
Er rudert Tag, er rudert Nacht;
keiner, der dem ein Ende macht."
Der Teufel gähnt,
nebenbei er erwähnt:
„Ich will bloß nächtigen.
Einen andren muss er ermächtigen,
das Boot zu führen
und das Ruder stets zu rühren.
Wenn er jemanden fahren soll,
gebe er ihm das Ruder in die Hand;
dieser hegt ab dann den Groll
und der Fährmann kann an Land."
Als der Teufel wirklich schlief,
die Oma her den Burschen rief:
„Nimm die Haare mit
und geh mit schnellem Schritt,
damit Dich mein Enkel nicht erwischt",
sie leise zu ihm zischt.
Der Bub sich leise wegwärts stiehlt,
erst wieder an dem Dorfe hielt.
Die Kröte war recht schnell befreit;
nun war eine Feier an der Zeit.

Der Junge jedoch musste weiter,
zur Prinzessin. Er war heiter,
wenn er an die Liebste dachte,
am ersten Dorf er Pause machte.
Die Mäuse knabberten nicht mehr
an der ollen Wurz umher.
Der Baum nun wieder Äpfel führte,
dies das ganze Dorf berührte.
Sie luden ihn ein zu einem Fest,
doch er sich nicht verleiten lässt:
„Zuhaus wartet meine Braut."
Als er dann zurückkam zu dem Schloss,
der König wurde richtig laut.
Er schwang sich auf sein hohes Ross.
Nach Tagen kam er bei dem Fährmann an
und sagte zum dem Rudrer bloß:
„Hey Mann, fahre mich zur Hölle hin."
Der Fährmann aber hatt im Sinn,
ihm das Ruder schnell zu geben,
damit er frei sein ganzes Leben.

Rumpelstilzchen

Ein König war sehr gierig:
Er wollte immer bloß Geld.
Vom Typ her sehr schmierig,
Reichtum war seine Welt.
Da traf er einen Bauern,
dessen Tochter hold,
sollte Stroh spinnen können zu Gold.
Drum sollte sie in des Königs Kammer kauern,
zu verdienen ihr Brot.
Sollte sie jedoch scheitern
und so den König nicht erheitern,
so sei sie am nächsten Morgen verurteilt zum Tod.
Jedoch verstand sie nichts von diesem Werk,
dem König hatte sies erklärt.
Der Vater vor dem König angegeben,
die Tochter musste damit leben.
Sie weinte nun bitter,
da kam ein tapfrer Ritter
in Gestalt von einem Zwerg.
Der sah den großen Strohberg
und bot ihr seine Dienste an,
wenn er denn was dafür bekam.
Sie habe nur diese Halskette
von ihrer Mutter,
doch wenn sie ihr das Leben rette,
bevor sie ende als Galgenfutter,
so solle er sie haben
und sich daran laben.
Am nächsten Morgen
hatte sie keine Sorgen,
denn der Zwerg hatte es vollbracht
und aus dem Stroh viel Gold gemacht.

Der König sein Gold gern vermehrte,
die Freiheit der Müllerin verwehrte.
Die nächste Nacht sollt sie noch spinnen;
erst dann könnte sie ihm entrinnen.
Das war sein Versprechen,
doch würde er es wieder brechen.
Sie wieder weint,
kurz darauf der Zwerg erscheint.
Er die Leistung gern erbring,
wenn sie ihm schenke ihren Ring.
Schweren Herzens sie sich trennt,
durch Zauberei sie schnellstens pennt.
Morgens ist der Raum von Gold erfüllt,
doch des Königs Habgier nicht gestillt.
Ein letztes Mal soll sie es tun,
der König, der lässt sie nicht ruhn.
Sie ist verzweifelt voller Kummer,
der Zwerg zieht wieder ab die Nummer:
Spinnt für sie zu Gold das Stroh,
sie ist darüber ach so froh.
Der Zwerg die Gegenleistung will holen,
doch hat er schon alles gestohlen,
was ihr je am Herzen lag.
Also macht er nen Vertrag:
Der Müllerin erstes Kind,
er sich holen wird geschwind.
Mit Händen und Füßen sie sich wehrt,
ein Kind gehört von der Mama genährt.
Ohne mütterliche Liebe
sich die Entwicklung bloß verschiebe.
Doch spricht sie gegen eine Wand.

Als die Jahre gehn ins Land
und sie erwartet ihren Königssohn,
da kommt der Zwerg auch schon,
will holen seinen Lohn.
Die Müllerin sich querstellt,
ihren Sohn voll Liebe hält.
Der Zwerg zeigt anscheinend Erbarmen:
„Das Kind sei Dein, nenn mir meinen Namen."
Die Müllerin sie rät,
doch Tag um Tag vergeht.
Zwei Spitzel folgen dem Wicht,
herauszufinden, wie sein Name.
Beim Tanz ums Feuer er stets zischt
an der lodernden Flamme:
„Ach wie gut, dass niemand weiß,
dass ich Rumpelstilzchen heiß.
Heute koch ich,
morgen brau ich,
übermorgen hol ich mir der Königin ihr Kind.
Ach wie gut dass niemand weiß,
dass ich Rumpelstilzchen heiß."
Als die Müllerin dem Zwerg dies sagt,
er sich selbst zur Hölle jagt.

Autotypen

Ich fahr so gern Automobil
und hab dort meinen eignen Stil.
Die Freiheit auf der Straß zu sein,
bringt mir echt Zufriedenheit ein.
Vorfahrt gwähren, rechts vor links.
Autofahren, ja, Spaß bringts.
Drei Pedale sind es bloß,
doch die Zahl der Fahrstile ist groß.
Mancher rast und mancher schleicht,
manchem machts Spaß und manchem reichts.
Ein Fahrer ist ne Frohnatur,
der andere unheimlich stur.
Die meiste Zeit gehts im Verkehr
ganz ruhig und auch harmonisch her.
Doch wehe, es kommt zu einem Krach:
Dann steigt einer dem andern aufs Dach.
Da wird sich geprügelt und geschlagen;
wie kann der Typ es wagen,
sich so hier zu verhalten?
Den müsste man aus am besten schalten.
Wie bekam so ein Schwein
den Führerschein?
Doch gibt es auch die netten Gesellen,
die nicht mal eben vorbeischnellen;
die sich bedanken, wenn man sie rein lässt;
sie haben ihn bestanden, den Test,
des Glückes Test,
der einen fest
dran glauben lässt;
hilft man anderen in Not,
ist das das größte täglich Brot.

Da man weiß, man hat was Gutes getan
und der andre nahm es dankend an.
Wäre jedoch jeder so ein Segen,
könnt der Mensch sich nicht mehr aufregen.
Wir brauchen Idioten im Straßenverkehr,
sie steigern die Aggressionen sehr
und lehren die klugen Gestalten,
die Ruhe zu behalten.
So kann man an sich selbst arbeiten
und lernt, weniger zu streiten.

Geraubte Kindheit

Die Spielplätze verlassen und leer:
keine spielnden Kinder mehr.
Der Eltern Träume
statt Kletterbäume.

Karriere mehr wert
als Schaukelpferd.
Andersrum;
auch recht dumm.

Kinder überbeschützen
wird denen auch nichts nützen.
Ob strotzen vor Karrierewut
oder durch zu viel Schutz keinen Mut.

Ich zieh vor keinem Plan den Hut.
Lasst die Kinder zu den Spielplätzen,
hört auf, sie durch ihr Leben zu hetzen.

Lasst ihnen die Wiesen.
Stoppt vielmehr die Bauriesen,
die mit ihren Hochhäusern – den fiesen –
den Kids den Freizeitspaß vermiesen.

Krieg

Kanonen,
Drohnen,
Bomben, Granaten,
Gräueltaten.

Panzer, Ketten;
nichts mehr zu retten.
Ballerei, Kindertränen,
überall laute Sirenen.

Wozu all das Leid,
wozu all der Streit,
all die kostbare Zeit:
Vergeud't!

Niederlage oder Sieg;
wofür braucht die Menschheit Krieg?
Leut' erschießen,
Blut vergießen.

All das ist doch sinnlos, krank.
Jeder kleine Zwist und Zank.
gehe lieber hin und dank
dem Herrn für jedes Glück,
für jeden Tag.

Wer weiß, wann es kommt zurück
und wie es morgen aussehen mag.

Der Brandstifter

In einer kalten Winternacht,
ein Mann ein Feuerchen entfacht.
Bald darauf wirds mollig warm:
Die Tat des Mannes hat doch Charme.
Doch was ist das, man hört Alarm,
geschlagen von einem Gendarm.
Der war auf Streife,
als die Produktionsstätte für Seife
lichterloh in Flammen stand.
Ein herrlich schöner Brand,
wie der Brandstifter es fand.
Nur er die Schönheit hat erkannt.
Die Chemikalien explodierten,
Gifte in der Luft nun schwirrten.
Die Polizei begann, zu fahnden.
Brandstiftung war schwer zu ahnden.
Am nächsten Morgen
die Bürger sich sorgen.
Der Schaden bleibt ihnen nicht verborgen.
In der darauffolgenden Nacht
die Nachbarschaft die Stadt bewacht.
Doch der Nervenkitzel siegt.
Der Brandstifter, er zieht vergnügt
zur nächsten Polizeistation.
Wer wird ihn dort erwarten schon?
Schnell der Kerl Benzin vergießt.
Ein toller Duft, den er genießt.
Leise sowie unerkannt,
er in der dunklen Nacht verschwand.

Die dritte Nacht sich an bald bahnt,
der Brandstifter sich sehr gut tarnt:
Komplett in Schwarz gekleidet,
er Aufmerksamkeit vermeidet.
Dieses Mal in seinem Wahn,
hatte es ihm angetan,
ein uriges Fachwerkhaus.
Dass er Menschenleben löscht aus,
interessiert ihn nicht die Bohne.
Wer auch immer darin wohne,
er würde wahrscheinlich draufgehn.
Der Brandstifter wollt Feuer sehn.
Ein Nachbar hat gut aufgepasst,
die Polizei den Täter fasst.
Dieser will nicht in den Knast:
Er zündet sich an vor aller Augen,
die Flammen ihm das Leben saugen.

Kindheitserinnerungen

Waldparkplatz und Pflastersteine,
Rehe, Adler und auch Schweine.
Wildpark, Natur und viel Grün.
Tiere leben, Pflanzen blühn.

Großeltern nehmen Enkel mit,
denn Bewegung, die hält fit.
Freizeitfreuden an frischer Luft:
verschlungene Wege, Regenduft.

Der Berg

Das Panorama herrlich,
die eigne Zeit entbehrlich.
Hier oben gibt es keinen Zwang,
keine Hierarchie, Vorschrift, keinen Drang.
Und doch ist es sehr sonderbar:
Sanfte Riesen
schöne Wiesen,
dennoch große Gefahr:
Ein falscher Schritt,
ein unsicherer Tritt;
schon ist man sein Leben quitt.
Selbst einfache Pfade
kennen keine Gnade;
einmal umknicken,
sich einmal ungünstig verstricken;
schon ist die – ach so schöne – Reise
auf ihre Weise
still und leise
vorbei.
O wei!
Hier oben ist es Schicksal:
Ein orangener, ein schwarzer mal:
Der Helikopterfarbe Wahl
gibt Auskunft über des Wandrers Schicksal.
Wer weiß, was wirklich geschah?
Manchmal einem nichts geschieht,
dafür man dann hört und sieht;
Sonnenauf- und untergang,
der vielen Murmeltiere Klang,
den Adler schrein auf Beutezug.
Ja, hier oben gibts genug.

Aber Obacht:
Geht die Sonne in die Nacht;
schnell auf den Heimweg gemacht.
Ansonsten wird der Berg zur Falle;
nimmt Dich in seine tödlich Kralle.
Des Nachts bist Du dort oben blind,
ab in den Tod mit Dir geschwind.

Stressvermeidung

Alles was der Mensch erlebt,
ihm irgendwo im Kopfe klebt.
Ein Ereignis ist passiert,
Du hast Dich dabei blamiert.

Statt jetzt zu vergessen die Schmach,
denkst Du ewig drüber nach.
Obwohl es vollkommen belanglos.
Was machst Du bloß?

Um zu mindern den psychischen Druck,
musst Du Dir geben einen Ruck.
Sprich mit den andern, geh auf sie zu.
Klärs, dann hat die liebe Seele Ruh.

Du hast ganz unverzagt,
etwas Unpassendes gesagt.
Nun kriegst Du einen Spruch gedrückt.
An sich nichts Schlimmes,
doch im Kopf wirst Du verrückt.

Um das bald zu vergessen,
muss Dein Hirn positive Infos essen.
Weg mit dem negativen Mist.
Warum der Stress, es ist wie es ist.

Geh Dir nicht selber gegen den Strich,
glaube immer fest an Dich.
Ändern kannst Du es eh nicht mehr;
leb damit und bitte sehr.

Geschwister

Was mein Leben in den Fugen hält,
was ich nicht kaufen kann für Geld,
sind die besten Schwestern der Welt.
Ich hab richtig Mist gebaut;
dacht oft mein Leben wär versaut.
Hab mich zu beichten nie getraut.
Die Alten mit ihren Ratschlägen,
ich will mich selbst durchs Leben bewegen.
Was haben die Leute nur dagegen?

Die Antwort, sie liegt auf der Hand.
Hast Du sie noch nicht erkannt?
Die Ratschläge sollen nützen,
um vor Fehltritt Dich zu schützen.
Erfahrung ist es, sagen wir Alten.
Wir wollten früher auch selbst walten.
Haben den Eltern nichts erzählt,
die Angst vor Strafe hat gequält.
Trotzdem kam das dann ans Licht,
darauf waren wir nicht erpicht.
Daher wissen wir genau,
hast was verbockt, wird Dir ganz flau.

Geschwister können grausam sein,
verpetzen einen, legen einen rein,
doch wenn es wirklich mal ist wichtig,
Groll und Neid plötzlich sind nichtig.
Zieht Dich jemand durch den Schmutz,
dann greift der Geschwister Schutz.
Von den Eltern oft bevorzugt,
man selber in die Röhre guckt.
Das zumindest man oft denkt.

Doch grad dann auf einmal lenkt
Schwester oder Bruder das Ruder.
Bietet seine Hilfe Dir,
teilt seine Süßigkeiten: „Hier!"
Bei allem was Geschwister machen:
Rennen, spielen oder lachen,
bei einem kannst Du sichergehen:
Du lässt ihnen das Herz aufgehen.
Deine Werke mit Stolz sie erfüllen,
worüber sie meist Schweigen hüllen.
Sie genießen still, dass es Dich gibt.
Ein Geschwisterkind Dich liebt!

Das Erbe

Immer wenn Bekannte sterben,
will ein jeder möglichst erben.
Doch was viele oft vergessen,
weil sie bloß aufs Geld versessen,
Dein Erbe Du doch längst schon hast:
Hast Du denn nicht aufgepasst?
Es sind die Gene und die Lehren,
die Dein Erbe täglich mehren.
Was wirklich zählt ist Wissen;
Materielles – drauf geschissen,
der Wert ist irgendwann abgeklungen.
Wichtig sind Erinnerungen.
Wer täglich nur sein Habe zählt,
hat rein gar nichts von der Welt.
Wenn man einmal geht an Krücken,
entstehen im Gedächtnis Lücken.
Dann benötigt man Denk-Brücken.
Gegen Demenz, da hilft kein Geld.
Was hingegen sehr fit hält,
ist ein junger frischer Geist;
jeder weiß was das heißt.
Man soll sich bereichern:
Im Museum, Konzert oder Park.
Dann kann das Hirn Momente speichern,
an die man sich gern erinnern mag.

Ein kluger Mann mir einen Ratschlag hat gegeben:
Frag Deine Vorfahren nach ihrem Leben.
Geschichten sind das größte Erbe;
egal ob lustig oder derbe.
Wenn sie nicht fragen, die Erben
und der Ahne wird versterben,
dann bleibt nur ein Haufen Scherben.
Glücklich wird sich keiner fühlen;
die Alten mögens, im Hirn zu wühlen,
alte Geschichten auszuräumen,
wieder jung sein, wieder träumen.
Die Jungen gerne zu ihnen hören,
was sollte sie denn daran stören?
Die Alten versetzen sich zurück,
erzählen mit Freude von dem Glück,
von dem Leiden und dem Spaß
und dem Nachkommen bringts auch was:
Er besser kennenlernt die Vorfahren
und kann deren Geschichten wahren.

Himmel

Ich beobachte sehr gerne
den Nachthimmel – samt seiner Sterne.
Dieses Schauen in die Ferne
hilft, dem Alltag zu entfliehn.
Alle Sorgen lässt man ziehn.
Am Tage ist es auch recht schön:
Dort oben gibts immer was zu sehn.
Es regnet und die Sonne scheint;
nass und trocken wohl vereint.
Dann entsteht ein Regenbogen;
die Balance ist ausgewogen.

Plastik

Wir sind doch heute alle Panne.
Früher gingn wir mit der Kanne
in den kleinen Supermarkt,
ließen uns die Milch einfülln.
Heute wird die Milch verpackt
in widerliche Plastikhülln,
die die Weltmeere vermülln.
Früher mit dem Jutesack,
alles eingesteckt, zack zack.
Zuhaus entpackt und fix gekocht:
Damals man das noch vermocht.
Denk ich an jetzt, dann mein Puls pocht.
Heut ist alles eingetütet;
ein Plastikwahn in Deutschland wütet.
Man kann nur einmal es verwenden,
deshalb muss man es verschwenden.
Man kann es nicht benutzen wieder,
diese Einsicht macht mich nieder.
Bäckerkunden
haben gefunden
nen andern Weg.
Die Dose legen sie auf die Thek;
der Bäcker legt die Brötchen rein,
ohne Tüte: Das ist fein!
Doch mischt sich die Regierung ein:
„Das darf keine Lösung sein."
Die Dosen unhygienisch sind.
Wer weiß schon, wo sie übrall lag.
Menschenskind!
Jeden vermaledeiten Tag
Kunden mit Bargeld zahlen;
nicht jeder Bäcker Handschuh trägt.

Jetzt kannst Du Dir ausmalen,
was wirklich Ekel erregt.
Das Bargeld geht durch Hände schmierig,
weil die Leute alle gierig.
Die Hände nicht gewaschen,
das Geld sie stopfen in die Taschen.
Und dann sind Dosen nicht gestattet?
Haltet ein, stopp, wartet.
Da läuft doch etwas nicht korrekt,
habt ihrs denn noch nicht gecheckt?
Plastik mag erfülln die Vorschrift,
doch ist es unser aller Gift.
Wo sind die guten alten Zeiten,
in denen man mit Freud konnt gleiten
in den kleinen Supermarkt.
Schlechte Laun am Tor geparkt,
wo die Ware – wie sie ausgestellt –
in den Jutebeutel fällt.
Umweltfreundlich ohne Müll,
die Menschen hatten damals Stil.
Sie schätzten die Natur,
zerstörten sie nicht stur.
Diese schönen alten Zeiten,
sie sind wohl für immer weg.
Ich will in die Läden schreiten,
ohne beizutragen zum Dreck.
Will mit Tüten und mit Kannen,
umweltfreundlich ziehn von dannen.

Hohkönigsburg

Der Anblick ist schlicht glamourös,
das Anwesen mächtig, pompös.
Einst zerstört durch einen Brand.
Für Touristen neu erbaut,
damit die Kasse auch nicht flaut.
Von hier sieht man das ganze Land.
Viele Eindrücke sich sammeln,
vor lauter Staunen viele stammeln:
„Wow, genial und fantastique."
Gelungen ist es Stück für Stück.
Jedes Detail ganz filigran,
vor Begeisterung ganz angetan.
Säbel, Speere und auch Lanzen,
in dem Festsaal kann man tanzen.
Reliefs in Mauer, Holz, Keramik;
die ganze Burg wirklich todschick.
Treppen, Höfe, Erker,
doch gibt es keinen Kerker.
Jeder Meter ist verplant,
zu sehen gibt es allerhand.
Tiefe Brunnen auf dem Hofe,
wo früher lebte manche Zofe.
Burgmauern und tiefe Gräben,
hier kann man total viel erleben.
Der Adel konnte wirklich prahlen:
durch viele Fenster, viele Strahlen.
Die Dachpfannen allesamt bunt,
auf der Burg, da ging es rund.
Neben der Burg Zinnen:
Regenrinnen.

Denkmäler für die Ewigkeit

Die Menschen damals sich was trauten:
Sie schufen kolossale Bauten.
Das Risiko scheinbar egal,
das fertge Werk phänomenal.
Nehmen wir ein Kirchenschiff:
Es ist perfekt in jedem Schliff:
Durch die Fenster scheinen die Strahlen
auf die spiegelglatten kahlen
Marmorsäulen.
Es ist wunderschön,
zum Heulen.
Ich werd wohl nie verstehn,
wie sie das taten.
Heute muss man Jahre auf Prunkbauten warten.
Damals aus dem Boden sie zogen
Paläste, Superschiffe – ungelogen;
beispielsweise die Titanic:
Als unsinkbar galt der Bau,
ein Eisberg brach ihr das Genick,
die Menschen damals schienen nicht schlau;
bauten höher schneller weiter,
die Gesellschaft wurde heiter.
Die Werke ließen alle staunen;
durch die Menge ging ein Raunen.
Leider ist es heute,
dass die vielen Leute,
bloß aufs Handy ihren Blick,
die Arbeit würdigen kein Stück.
Gehen von einem zum nächsten Ort,
immer weiter immer fort.

Mit Blitzlicht
Foto um Foto wird geschossen
von Kunstwerken dicht an dicht.
In Materialien gegossen,
Ornamentik, schöne Bilder,
die Bauwerke wurden immer wilder.
Jeder wollte besser bauen,
in Stein und Marmor wurd gehauen.
Die heutge Jugend
verliert nicht nur an Tugend,
auch handwerkliches Geschick
gibts kaum noch, welch Unglück.
Wir sollten uns an den Bauten erfreuen,
die Erfahrungen weit streuen;
lernen, zu erkennen die Schätze:
der Erde allerschönsten Plätze.

Schwarzwald

Mit einer Bahn – die hängt am Seil –
gehts den Berg hinauf recht steil.
Die Aussicht dort ist richtig geil:
Im Tal erstrecken sich die Wälder,
getrennt durch Dörfer und durch Felder.
Schwarzwald haben wir gebucht,
ein Ort der seinesgleichen sucht.
Der Blick reicht kilometerweit,
das Angebot gefächert breit:
Ob nun wandern oder essen,
manch anderer wird – währenddessen –
lieber schwimmen oder ruhn.
Hier lässt sich wirklich sehr viel tun.
Über Stock und über Stein,
manche kehren gerne ein.

Viele gern ins Ausland fahrn,
weil sie da ja noch nie warn.
Dabei sind doch die schönsten Orte,
direkt vor der eigenen Pforte.
Über das Ausland
ist so einiges bekannt.
Doch auch Deutschland bietet viel;
ob Schwarzwald, Bayern oder Kiel.
Das Wetter schön, die Frauen heiß,
ist, was man von Malle weiß.
Doch auch im Schwarzwald mancher Schuss,
ist zu ergattern, schönen Gruß.

Hexentrunk

Willst Du jemanden verfluchen,
den rechten Zauberspruch musst suchen.
Willst jemandem den Tag versauen,
musst ein Tränklein Du ihm brauen.
Hierzu verwende:
Ohr vom Ochs und Spinnenbein;
keinen Tropfen je verschwende:
Alles in den Topf hinein.
Von des Olmes linker Zehe,
Fuß des Hasen, Aug der Krähe,
Menschenhaar und scharfe Nessel;
alles in den Hexenkessel!
Umgerührt und heiß serviert,
es die Nerven Dir verwirrt.
Dein Tag komplett im Eimer ist,
wenn Du so eine Scheiße frisst.

Hühnerzeh und Unkengalle,
Krakentinte, Wolfeskralle,
Pferdekot und Apfelsaft:
Dieser Trank gebe Dir Kraft.
Doch gib acht!
Nichts falsch gemacht.
Eine Prise Salz dazu –
die Wirkung ändert sich im Nu.
Entzweit sie doch den Pferdekot,
und ruckzuck, da bist Du tot.

Kegelverein

Immer, wenn sie fallen, die Kegel,
steigt der Kegelbrüder Pegel.
Wenn die Brüder sich sehr freun,
weil abgeräumt sie alle neun.

Anvisiert hat man das Ziel,
fallen sollen Kegel viel.
Am Abend steht der Sieger fest,
Bier für alle springen lässt.

Sie sehn sich wieder in zwei Wochen:
Günther, Max und auch der Jochen.
Bei dem ein und andren Bier
zu einem freundschaftlichen Turnier.

Der Zirkus

Ein Kind ging in ne Zirkusshow.
Das Spektakel machte es froh.
Am Trapez Artisten schwangen,
des Dompteurs Kopf im Löwen brav.
Die Entertainer Lieder sangen,
der Jongleur die Bälle warf.
Der Clown aus der Kanone schoss,
auf einmal brach die Hölle los:
Die Konstruktion falsch eingestellt;
nichts, was das Unglück jetzt noch hält.
Er flog hoch hinaus:
in das Trapez, an dem sie hingen
und kollidierte, welch ein Graus.
Sie alle drei zu Boden gingen.
Sie stürzten in die Menschenmenge,
in der Panik gabs Gedränge;
die Tiere außer Rand und Band,
allen voran der Elefant.
Er rannte panisch, ohne Halt,
machte nen kleinen Jungen kalt.
Wegen eines Rechenfehlers schwer,
gibt es den Zirkus heut nicht mehr.
Er ging bankrott durch all die Klagen.
Wer was bieten will, muss wagen
und die Konsequenzen tragen.

Roland Freisler

Wer nicht kämpfte für den Sieg;
sich widersetzte im Krieg;
durft sich nicht lassen erwischen.
Wenn die Schergen Dich erstmal fischen,
Dich am Haken haben baumeln,
wirst Du in den Tode taumeln.
Vogelfrei, gezielter Mord;
Volksverräter ohne Hort.
Bei großer medialer Breite,
die Verräter vor Gericht.
Nachahmer: „Sucht das Weite!
Sonst ist für euch auch bald Schicht,
einen Beistand kriegt ihr nicht."
Am rechten Fleck das Herz,
die Familie fühlt nur Schmerz,
da die Kinder ihr entrissen,
weil gehandelt nach Gewissen.
Der Richter seine Opfer peinigt,
verbal werden sie von ihm gesteinigt.
Ihre Situation ist vertrackt.
Mit dem Teufel einen Pakt
hat der Richter Roland Freisler:
Mörder, Henker, Geißler.
Wenn die Angeklagten
die Wahrheit sagten,
war das nicht des Richters Sicht.
Er sah sich also in der Pflicht,
die Oberhand zu gewinnen.
Ihm sollte kein Verräter je entrinnen.
Er schrie plump:
„Sie schäbger Lump!"

Übertönte mit Gebrüll,
sein Opfer, das was sagen will.
Es ging nicht um Gerechtigkeit.
Die gab es nicht mehr, schlimme Zeit.
Freisler stellte sie zur Schau,
was man merkte haargenau,
als die Eltern Sophie Scholls
des Saals verwiesen.
Die Kinder sterben, ach, was solls.
Die Eltern die Zur-Schau-Stellung vermiesen.
Im Saal alle erkannten,
dass die Volksverräter
die eigentlichen Sympathisanten,
da sie – als Retter –
versuchten, abzuwenden das Massaker.
Doch ließen sich alle einschüchtern,
anstatt als Masse zu helfen wacker.
Liebe Deutsche, das war nüchtern!

Epilog

Es gab bestimmt so manche Phrasen,
die Ihnen vertraut, als sie sie lasen.
Der Geschichten Berg:
Zu verfassen kein Hexenwerk:
Man muss nur die Augen halten offen,
kann schreiben, wen man so getroffen,
oder was man so erlebt.
Ganz gleich, wonach man strebt.
Man ist thematisch nicht gebunden:
zack, neues Thema schon gefunden.
Gedichte zu Papier zu bringen
ist ein wesentlich besserer Ausgleich,
als ständig zum Fernsehen sich zu zwingen.
Gedichte schreiben macht einen reich,
man bekommt zwar keinen Zaster,
doch erweitert man sein Raster:
Das Leben wird weniger kriseln,
als wenn man sich vom Fernseher lässt berieseln.